MOISÉS

MOISÉS FOI UM BEBÊ HEBREU, RESGATADO DAS ÁGUAS DO RIO NILO PELA FILHA DO FARAÓ, E QUE SE TRANSFORMOU NO GRANDE LIBERTADOR DO POVO DE DEUS.

O FARAÓ HAVIA DECIDIDO QUE OS BEBÊS HEBREUS, MENINOS, DEVERIAM MORRER. UMA HEBREIA TEVE UM BEBÊ E O ESCONDEU POR TRÊS MESES. QUANDO NÃO PÔDE MAIS ESCONDÊ-LO, FEZ UM CESTO DE JUNCO E COLOCOU DENTRO DELE O MENINO ENVOLVIDO EM UM MANTO. EM SEGUIDA, SOLTOU O CESTO NO RIO. MIRIÃ, IRMÃ DO BEBÊ, FICOU ESPIANDO DE LONGE O CESTO SEGUIR PELAS ÁGUAS.

NAQUELE MOMENTO, A FILHA DO FARAÓ ESTAVA NO RIO, TOMANDO BANHO, EM COMPANHIA DE SUAS CRIADAS. QUANDO VIU O CESTO, PEDIU QUE UMA DELAS O PEGASSE. ABRINDO-O, ELA VIU UM BELO BEBÊ, QUE CHORAVA DE FOME. MANDOU CHAMAR UMA AMA DE LEITE HEBREIA PARA AMAMENTÁ-LO. A MULHER QUE SE APRESENTOU ERA A MÃE VERDADEIRA DO BEBÊ, QUE O CRIOU ATÉ SE TORNAR UM ROBUSTO MENINO. DEPOIS, ELE FOI DEVOLVIDO PARA A PRINCESA, QUE O ADOTOU. ELE RECEBEU O NOME DE MOISÉS, QUE SIGNIFICA "SALVO DAS ÁGUAS".

O MENINO FOI EDUCADO PELOS SÁBIOS EGÍPCIOS. MOISÉS CRESCEU, TRANSFORMOU-SE EM UM HOMEM FORTE E PODEROSO. MAS, QUANDO DESCOBRIU QUE ERA HEBREU, RECUSOU AS RIQUEZAS DO EGITO E FOI PARA O DESERTO. LÁ, ELE VIROU PASTOR DE OVELHAS E CASOU-SE. O TEMPO PASSOU ATÉ O MOMENTO EM QUE DEUS ESCOLHEU CHAMAR MOISÉS PARA SUA MISSÃO: LIBERTAR O POVO HEBREU DA ESCRAVIDÃO NO EGITO.

CERTO DIA, QUANDO MOISÉS CUIDAVA DO SEU REBANHO, VIU UM ARBUSTO QUE SE QUEIMAVA, MAS SUAS CHAMAS NÃO TINHAM FIM. QUANDO SE APROXIMOU, MOISÉS OUVIU A VOZ DE DEUS LHE DIZER: — MOISÉS, É CHEGADA A HORA. VOCÊ É MEU ESCOLHIDO PARA DIZER AO FARAÓ QUE EU, O DEUS TODO-PODEROSO, DEUS DE ABRAÃO, ISAQUE E ISRAEL, ORDENO QUE ELE LIBERTE MEU POVO.

MOISÉS FOI ATÉ O FARAÓ E DISSE TUDO O QUE DEUS HAVIA ORDENADO. O FARAÓ, PORÉM, RESPONDEU:
— NÃO CONHEÇO O SEU DEUS E NÃO DEIXAREI O SEU POVO IR.

ENTÃO, DEUS ENVIOU PRAGAS SOBRE O EGITO: ÁGUAS QUE VIRARAM SANGUE, RÃS, PIOLHOS, MOSCAS, DOENÇAS, GRANIZO, GAFANHOTOS, ESCURIDÃO E A MORTE DOS PRIMOGÊNITOS DOS EGÍPCIOS. O FARAÓ, VENCIDO, LIBERTOU O POVO HEBREU. MOISÉS SAIU DO EGITO COM UMA GRANDE MULTIDÃO, MAIS DE SEISCENTOS MIL HOMENS, SEM CONTAR AS MULHERES E AS CRIANÇAS.

O FARAÓ QUERIA VINGANÇA E RESOLVEU PERSEGUI-LOS COM SEU EXÉRCITO, ARMADO COM LANÇAS E ESPADAS. ALCANÇOU MOISÉS E SEU POVO ÀS MARGENS DO MAR VERMELHO.

MOISÉS FALOU AO POVO: — NÃO PRECISAM TEMER. DEUS NOS LIVRARÁ! E, ESTENDENDO A VARA QUE TRAZIA EM SUA MÃO, TOCOU O MAR, QUE SE DIVIDIU EM DUAS PARTES, FORMANDO UMA MURALHA DE ÁGUA DE CADA LADO. O POVO ATRAVESSOU O MAR PISANDO EM TERRA SECA.

O FARAÓ TENTOU ALCANÇAR O POVO DE DEUS, MAS, QUANDO ESTAVA NO MEIO DO MAR, MOISÉS ESTENDEU A MÃO, E AS ÁGUAS SE JUNTARAM, ENGOLINDO O FARAÓ E TODOS OS SEUS SOLDADOS. DEUS LIVROU O SEU POVO DE FORMA MARAVILHOSA.

MiniLivros

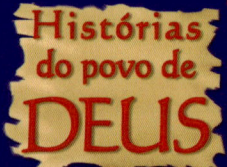
Histórias do povo de DEUS

A Criação
O Dilúvio
Abraão
Moisés
Jonas e o Grande Peixe
Nascimento de Jesus
Parábolas de Jesus
Milagres de Jesus
Ressurreição de Jesus
Paulo

©TODOLIVRO LTDA.
Ilustração: Belli Studio
Texto adaptado: Cristina Marques
Todos os direitos reservados
Revisão: Helena Cristina Lübke
IMPRESSO NA CHINA

HABILIDADES COGNITIVAS

DESENVOLVE A LEITURA | VALORES FAMILIARES | PRINCÍPIOS CRISTÃOS | A PARTIR DE 3 ANOS

BrasiLeitura
O Brasil inteiro lê.

SKU 1085077
ISBN 978-85-7398-103-2

JONAS E O GRANDE PEIXE

JONAS FOI ESCOLHIDO POR DEUS PARA SER PROFETA. CERTA OCASIÃO, DEUS FALOU A JONAS:
— VÁ PARA A CIDADE DE NÍNIVE E FALE PARA O POVO SE ARREPENDER DE SUA MALDADE OU SERÁ CASTIGADO.

JONAS, PORÉM, NÃO OBEDECEU A DEUS. PREFERIU FUGIR PARA A CIDADE DE TÁRSIS. DEUS, ENTÃO, RESOLVEU ENSINAR UMA LIÇÃO PARA JONAS. QUANDO O NAVIO ONDE VIAJAVA ESTAVA EM ALTO MAR, DEUS ENVIOU UM FORTE VENTO, QUE LOGO FORMOU UMA GRANDE TEMPESTADE.

O NAVIO QUASE SE DESPEDAÇOU. OS MARINHEIROS, APAVORADOS, JOGAVAM A CARGA AO MAR E CHAMAVAM POR SEUS DEUSES. O MESTRE DO NAVIO CHAMOU JONAS: — ACORDE, JONAS! ORE A DEUS. ESTAMOS EM PERIGO!

OS MARINHEIROS DESCOBRIRAM QUE JONAS ERA O CULPADO DAQUELA TEMPESTADE.

ELE TINHA DESOBEDECIDO A DEUS. JONAS PEDIU:
— LANCEM-ME AO MAR. ELE SE AQUIETARÁ!
OS MARINHEIROS LANÇARAM JONAS AO MAR E, NA MESMA HORA, A TEMPESTADE PAROU.

VEIO, ENTÃO, UM GRANDE PEIXE E ENGOLIU JONAS. JONAS FICOU TRÊS DIAS E TRÊS NOITES DENTRO DO GRANDE PEIXE, ANGUSTIADO E ARREPENDIDO. JONAS OROU A DEUS, PEDINDO PERDÃO E AJUDA.

PELA SEGUNDA VEZ, DEUS FALOU A JONAS:
— VÁ ATÉ A CIDADE DE NÍNIVE E CONTE A MENSAGEM QUE EU LHE DEI. ANUNCIE PARA ELES QUE VOU CASTIGÁ-LOS SE NÃO SE ARREPENDEREM.

DESSA VEZ, JONAS OBEDECEU E FOI A NÍNIVE CUMPRIR A ORDEM DE DEUS. O POVO SE ARREPENDEU E A CIDADE FOI SALVA.

Histórias do povo de DEUS

A Criação
O Dilúvio
Abraão
Moisés
Jonas e o Grande Peixe
Nascimento de Jesus
Parábolas de Jesus
Milagres de Jesus
Ressurreição de Jesus
Paulo

©TODOLIVRO LTDA.
Ilustração: Belli Studio
Texto adaptado: Cristina Marques
Todos os direitos reservados
Revisão: Helena Cristina Lübke
IMPRESSO NA CHINA

HABILIDADES COGNITIVAS

DESENVOLVE A LEITURA | VALORES FAMILIARES | PRINCÍPIOS CRISTÃOS | A PARTIR DE 3 ANOS

BrasiLeitura
O Brasil inteiro lê.

SKU 1085077
ISBN 978-85-7398-103-2

O MILAGRE DA MULTIPLICAÇÃO DOS PÃES E DOS PEIXES

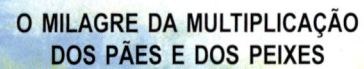

JESUS PREGAVA A PALAVRA DE DEUS PARA UMA MULTIDÃO, QUANDO UM DOS DISCÍPULOS DISSE:
– MESTRE, JÁ ESTAMOS AQUI HÁ MUITO TEMPO. MANDE ESTE POVO IR PARA CASA, POIS ELES PRECISAM COMER. JESUS RESPONDEU: – ELES NÃO PRECISAM IR. VOCÊS MESMOS PODEM DAR O QUE COMER A ESSE POVO.

OS DISCÍPULOS, ESPANTADOS, DISSERAM:
— NÓS TEMOS APENAS CINCO PÃES E DOIS PEIXES.
JESUS FALOU: — TRAGAM AQUI. E DIRIGINDO-SE À
MULTIDÃO, PEDIU QUE TODOS SE SENTASSEM NA
RELVA. JESUS PEGOU OS PÃES E OS PEIXES, ERGUEU
OS OLHOS PARA O CÉU, OROU E OS ABENÇOOU.
DEPOIS, PARTIU OS PÃES, DEU AOS DISCÍPULOS,
QUE OS REPARTIRAM COM AS PESSOAS QUE ALI
ESTAVAM. E MAIS DE CINCO MIL PESSOAS COMERAM.

A CURA DE UM PARALÍTICO

JESUS ESTAVA NA CIDADE DE CAFARNAUM, ENSINANDO O EVANGELHO. A MULTIDÃO ENCHEU A CASA DE TAL MANEIRA, QUE NÃO ENTRAVA MAIS NINGUÉM. QUATRO AMIGOS LEVARAM UM PARALÍTICO PARA SER CURADO POR JESUS.

ELES FIZERAM UMA ABERTURA NO TELHADO E DESCERAM O PARALÍTICO EM UMA CAMA AMARRADA COM CORDAS. JESUS VIU O ESFORÇO E A FÉ DAQUELES HOMENS. JESUS, ENTÃO, SE APROXIMOU DO HOMEM PARALÍTICO E DISSE:
— LEVANTE-SE E ANDE.

NO MESMO INSTANTE, O HOMEM SE LEVANTOU E COMEÇOU A ANDAR. A MULTIDÃO, MARAVILHADA, DIZIA:
— GLÓRIA A DEUS!

A RESSURREIÇÃO DE LÁZARO

LÁZARO ERA UM AMIGO MUITO QUERIDO DE JESUS. CERTO DIA, ELE FICOU DOENTE. MARIA E MARTA, IRMÃS DE LÁZARO, ENVIARAM UMA MENSAGEM PARA JESUS, PEDINDO QUE VIESSE VISITÁ-LO. QUANDO JESUS CHEGOU, LÁZARO TINHA MORRIDO E JÁ ESTAVA SEPULTADO HAVIA QUATRO DIAS.

MUITO TRISTE, MARTA FALOU:
— MESTRE, SE O SENHOR ESTIVESSE AQUI, MEU IRMÃO NÃO TERIA MORRIDO.
JESUS RESPONDEU: — MARTA, CREIA QUE SEU IRMÃO RESSUSCITARÁ! EU SOU A RESSURREIÇÃO E A VIDA. QUEM CRÊ EM MIM, AINDA QUE ESTEJA MORTO, VIVERÁ!

ENTÃO, JESUS FOI ATÉ ONDE LÁZARO ESTAVA SEPULTADO, E PEDIU QUE TIRASSEM A PEDRA DA ENTRADA DO TÚMULO. JESUS OLHOU PARA OS CÉUS E OROU: — PAI, GRAÇAS LHE DOU, PORQUE SEMPRE ME OUVE! LOGO EM SEGUIDA, FALOU BEM ALTO:
— LÁZARO, VENHA PARA FORA!

NAQUELE MOMENTO, LÁZARO VOLTOU À VIDA E SAIU AO ENCONTRO DE JESUS. A MULTIDÃO, ASSUSTADA E MARAVILHADA, ACREDITOU, NAQUELE INSTANTE, QUE JESUS ERA O FILHO DE DEUS. ELE TINHA PODER PARA VENCER ATÉ A MORTE.

A Criação
O Dilúvio
Abraão
Moisés
Jonas e o Grande Peixe
Nascimento de Jesus
Parábolas de Jesus
Milagres de Jesus
Ressurreição de Jesus
Paulo

©TODOLIVRO LTDA.
Ilustração: Belli Studio
Texto adaptado: Cristina Marques
Todos os direitos reservados
Revisão: Helena Cristina Lübke
IMPRESSO NA CHINA

HABILIDADES COGNITIVAS

DESENVOLVE A LEITURA	VALORES FAMILIARES	PRINCÍPIOS CRISTÃOS	A PARTIR DE 3 ANOS

BrasiLeitura
O Brasil inteiro lê.

SKU 1085077
ISBN 978-85-7398-103-2

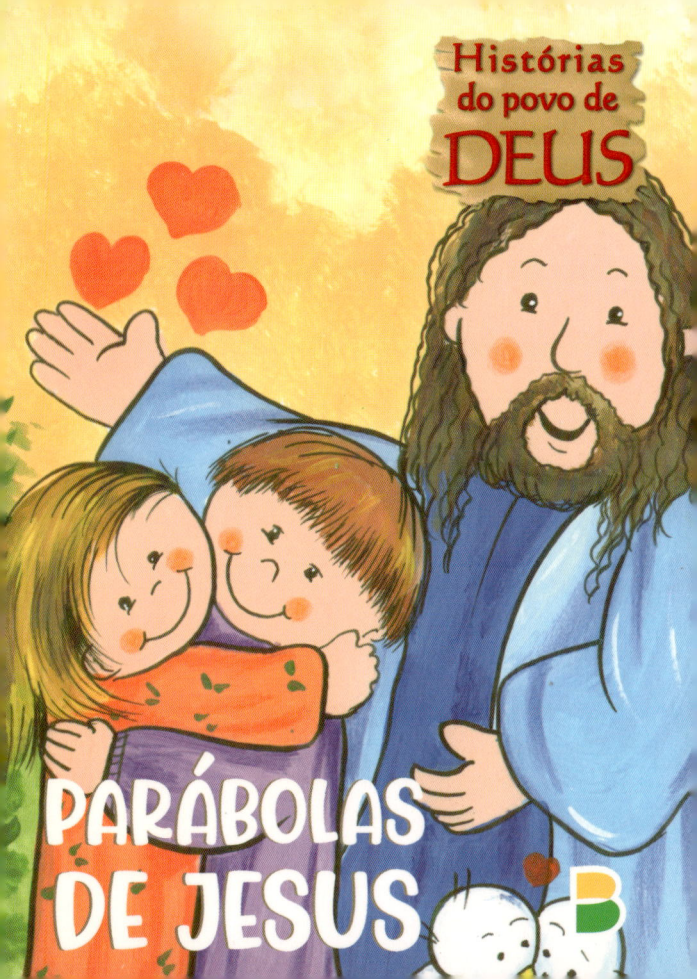

PARÁBOLAS DE JESUS

JESUS ENSINAVA O POVO CONTANDO HISTÓRIAS QUE FAZIAM COMPARAÇÕES. ESSAS HISTÓRIAS SÃO CHAMADAS DE PARÁBOLAS.

CERTA OCASIÃO, JESUS FALOU: — O REINO DE DEUS É PARECIDO COM UM GRÃO DE MOSTARDA. ELA É A MENOR DAS SEMENTES, MAS, QUANDO PLANTADA, TORNA-SE A MAIOR DE TODAS AS HORTALIÇAS, E AS AVES FAZEM NINHO EM SEUS RAMOS.

JESUS CONTOU A SEGUINTE PARÁBOLA: "UM PASTOR TINHA CEM OVELHAS. UMA DELAS SE PERDEU. O PASTOR DEIXOU AS NOVENTA E NOVE NO ABRIGO E FOI PROCURAR A OVELHA PERDIDA.

AO ENCONTRAR A OVELHA, O PASTOR FICOU FELIZ, COLOCOU-A NOS OMBROS E VOLTOU PARA CASA. REUNIU SEUS AMIGOS E DISSE:
— ALEGREM-SE! ACHEI A MINHA OVELHA QUE ESTAVA PERDIDA. EU DIGO QUE, NO REINO DOS CÉUS, HÁ ENORME ALEGRIA QUANDO UM PECADOR SE ARREPENDE E VOLTA PARA DEUS".

CERTA VEZ, UM REI RESOLVEU COBRAR AS DÍVIDAS QUE OS SEUS SERVOS TINHAM COM ELE. UM DESSES SERVOS DEVIA AO REI DEZ MIL ALENTOS QUE, NA ÉPOCA, ERA MUITO DINHEIRO.

O SERVO NÃO TINHA COMO PAGAR A DÍVIDA. O REI, ENTÃO, ORDENOU QUE VENDESSEM O SERVO, A MULHER, OS FILHOS E TUDO O QUE ELE POSSUÍA PARA PAGAR A DÍVIDA. CHORANDO, DESESPERADO, O SERVO SE JOGOU AOS PÉS DO REI E PEDIU:
— MEU REI, TENHA PACIÊNCIA QUE LHE PAGAREI TUDO. O REI TEVE PENA DO POBRE SERVO, PERDOOU AS DÍVIDAS E O MANDOU EMBORA.

NO DIA SEGUINTE, AQUELE SERVO PERDOADO PELO REI ENCONTROU-SE COM UM DOS SEUS EMPREGADOS, QUE LHE DEVIA CEM DENÁRIOS, PEQUENA QUANTIA DE DINHEIRO. FURIOSO, O SERVO AGARROU O EMPREGADO E QUASE O SUFOCOU, ENQUANTO GRITAVA: — PAGUE O QUE ME DEVE!

O POBRE EMPREGADO SE JOGOU AOS PÉS DO SERVO E PEDIU: — SEJA PACIENTE. EU PAGAREI TUDO! MAS O SERVO DO REI NÃO QUIS OUVIR NADA. DEU ORDENS PARA QUE O PRENDESSEM ATÉ QUE TODA A DÍVIDA FOSSE PAGA.

OS AMIGOS DO HOMEM QUE FOI PRESO FORAM FALAR COM O REI E CONTARAM TUDO O QUE ESTAVA ACONTECENDO. O REI FICOU INDIGNADO E MANDOU CHAMAR AQUELE SERVO.
— SERVO MALVADO! PERDOEI A SUA DÍVIDA, QUE ERA IMENSA, PORQUE ME SUPLICOU. E VOCÊ NÃO TEVE PENA DO SEU EMPREGADO.

O REI, ENTÃO, DEU ORDENS AOS SEUS CARRASCOS PARA QUE PRENDESSEM AQUELE SERVO ATÉ QUE TODA SUA DÍVIDA FOSSE PAGA.

ASSIM TAMBÉM ACONTECE COM AS NOSSAS VIDAS E NOSSAS ATITUDES: DEUS QUER QUE PERDOEMOS A TODOS, COMO DEUS NOS PERDOA.

MiniLivros

Histórias do povo de DEUS

A Criação
O Dilúvio
Abraão
Moisés
Jonas e o Grande Peixe
Nascimento de Jesus
Parábolas de Jesus
Milagres de Jesus
Ressurreição de Jesus
Paulo

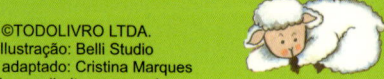

©TODOLIVRO LTDA.
Ilustração: Belli Studio
Texto adaptado: Cristina Marques
Todos os direitos reservados
Revisão: Helena Cristina Lübke
IMPRESSO NA CHINA

HABILIDADES COGNITIVAS

| DESENVOLVE A LEITURA | VALORES FAMILIARES | PRINCÍPIOS CRISTÃOS | 3+ A PARTIR DE 3 ANOS |

BrasiLeitura
O Brasil inteiro lê.

SKU 1085077
ISBN 978-85-7398-103-2

Histórias do povo de Deus

Ressurreição de Jesus

A RESSURREIÇÃO DE JESUS

POR OCASIÃO DA FESTA DA PÁSCOA, OS JUDEUS VISITARAM JERUSALÉM. JESUS E SEUS DISCÍPULOS TAMBÉM FORAM PARA LÁ. JESUS ENTROU NA CIDADE, MONTADO EM UM JUMENTINHO. A MULTIDÃO SAUDAVA JESUS COM MUITA ALEGRIA: — HOSANA NAS ALTURAS! BENDITO O QUE VEM EM NOME DO SENHOR!

JESUS UNIU SEUS DISCÍPULOS PARA A ÚLTIMA CEIA. ERA COSTUME, NA ÉPOCA, QUE OS SERVOS LAVASSEM OS PÉS DOS VISITANTES QUE CHEGAVAM. JESUS APROVEITOU ESTE COSTUME PARA ENSINAR UMA LIÇÃO AOS DISCÍPULOS. ELE APANHOU UMA TOALHA E UMA BACIA COM ÁGUA E LAVOU OS PÉS DELES. DEPOIS DE TER FEITO ISSO, PERGUNTOU: – COMPREENDERAM O QUE EU FIZ? SEJAM HUMILDES.

LOGO EM SEGUIDA, JESUS SE SENTOU À MESA COM OS DISCÍPULOS. ELE, ENTÃO, PEGOU O PÃO, ABENÇOOU-O, PARTIU-O E DEU A ELES, DIZENDO: – COMAM. ELE REPRESENTA O MEU CORPO. EM SEGUIDA, TOMOU O CÁLICE COM O VINHO, ABENÇOOU-O E ENTREGOU AOS DISCÍPULOS: – BEBAM. O VINHO REPRESENTA O MEU SANGUE QUE SERÁ DERRAMADO PARA SALVAR O HOMEM DO PECADO. QUANDO EU NÃO ESTIVER COM VOCÊS, FAÇAM DO MESMO MODO, PARA SE LEMBRAREM DE MIM.

DEPOIS DA CEIA, JESUS E OS DISCÍPULOS FORAM AO MONTE DAS OLIVEIRAS PARA ORAR. JESUS SE AFASTOU, COLOCOU-SE DE JOELHOS E COMEÇOU A ORAR: — PAI, SE NÃO FOR POSSÍVEL AFASTAR ESTE CÁLICE DE SOFRIMENTO, SEJA FEITA A SUA VONTADE! JESUS FALOU ASSIM COM DEUS, PORQUE SABIA TODA A DOR PELA QUAL IRIA PASSAR ATÉ A SUA MORTE.

NAQUELA HORA, CHEGOU JUDAS COM OS SOLDADOS. JESUS FOI TRAÍDO, PRESO E LEVADO PARA SER JULGADO. FOI CONDENADO À MORTE NA CRUZ.

JESUS CARREGOU A SUA CRUZ PELAS RUAS DE JERUSALÉM ATÉ O MONTE GÓLGOTA. LÁ, ELE FOI CRUCIFICADO ENTRE DOIS LADRÕES. FOI SEPULTADO EM UM TÚMULO COM A ENTRADA GUARDADA POR UMA GRANDE PEDRA E SOLDADOS ROMANOS.

PORÉM, NA MANHÃ DO TERCEIRO DIA, HOUVE UM GRANDE TERREMOTO. UM ANJO DESCEU DO CÉU E REMOVEU A PEDRA DA ENTRADA DO TÚMULO. ELE RESPLANDECIA TANTO QUE OS GUARDAS FUGIRAM APAVORADOS. INSTANTES DEPOIS, MARIA E MARIA MADALENA FORAM AO SEPULCRO E ENCONTRARAM O ANJO QUE LHES DISSE:
— JESUS NÃO ESTÁ MAIS AQUI. ELE RESSUSCITOU.

ELAS CORRERAM E FORAM CONTAR A NOVIDADE PARA OS DISCÍPULOS. QUANDO TODOS OS DISCÍPULOS ESTAVAM REUNIDOS, JESUS APARECEU: — A PAZ ESTEJA COM VOCÊS!

ELES ESTAVAM SURPRESOS E ASSUSTADOS, MAS JESUS DISSE: — POR QUE ESTÃO COM MEDO? ESTÃO DUVIDANDO QUE SEJA EU? E MOSTROU OS SINAIS NAS MÃOS E NOS PÉS. OS DISCÍPULOS ENTÃO SE ALEGRARAM.

JESUS EXPLICOU PARA ELES OS MOTIVOS DE SUA MORTE E DA RESSURREIÇÃO. DEPOIS DISSO, ORDENOU:
— ENSINEM A TODOS OS POVOS, NAÇÕES E TRIBOS. FAÇAM DISCÍPULOS E, AOS QUE CREREM NESTE EVANGELHO, BATIZEM EM NOME DO PAI, DO FILHO E DO ESPÍRITO SANTO.

DEPOIS, LEVOU-OS ATÉ UM ALTO MONTE E, ENQUANTO SUBIA AOS CÉUS, JESUS FALOU:
— EU ESTAREI COM VOCÊS, TODOS OS DIAS, ATÉ O FIM.

MiniLivros

Histórias do povo de DEUS

A Criação
O Dilúvio
Abraão
Moisés
Jonas e o Grande Peixe
Nascimento de Jesus
Parábolas de Jesus
Milagres de Jesus
Ressurreição de Jesus
Paulo

©TODOLIVRO LTDA.
Ilustração: Belli Studio
Texto adaptado: Cristina Marques
Todos os direitos reservados
Revisão: Helena Cristina Lübke
IMPRESSO NA CHINA

HABILIDADES COGNITIVAS

- DESENVOLVE A LEITURA
- VALORES FAMILIARES
- PRINCÍPIOS CRISTÃOS
- 3+ A PARTIR DE 3 ANOS

BrasiLeitura
O Brasil inteiro lê.

SKU 1085077
ISBN 978-85-7398-103-2

Histórias do povo de DEUS

PAULO

PAULO

PAULO, ANTES DE CONHECER JESUS, CHAMAVA-SE SAULO. SAULO ERA UM LÍDER JUDEU QUE PERSEGUIA E PRENDIA OS CRISTÃOS.

CERTA OCASIÃO, SAULO SEGUIA PELA ESTRADA PARA A CIDADE DE DAMASCO, QUANDO UMA FORTE LUZ, VINDA DO CÉU, BRILHOU AO SEU REDOR. CAINDO POR TERRA, SAULO OUVIU UMA VOZ QUE LHE DIZIA:
— SAULO, SAULO, POR QUE VOCÊ ME PERSEGUE?

ELE PERGUNTOU: — QUEM É O SENHOR?
E A RESPOSTA FOI: — EU SOU JESUS, A QUEM VOCÊ PERSEGUE.
— O QUE O SENHOR QUER QUE EU FAÇA?
— LEVANTE-SE E ENTRE NA CIDADE. LÁ, DIRÃO A VOCÊ O QUE FAZER.

OS COMPANHEIROS DE VIAGEM DE SAULO OUVIRAM A VOZ, MAS NÃO VIRAM NADA. QUANDO SAULO SE LEVANTOU, DESCOBRIU QUE ESTAVA CEGO. ENTROU NA CIDADE GUIADO PELA MÃO.

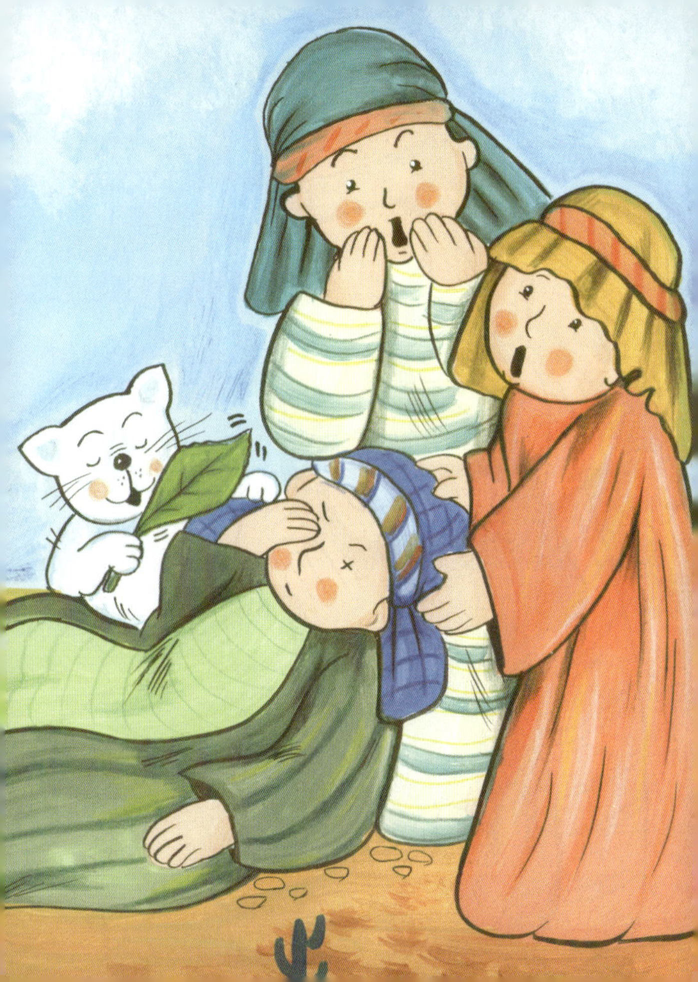

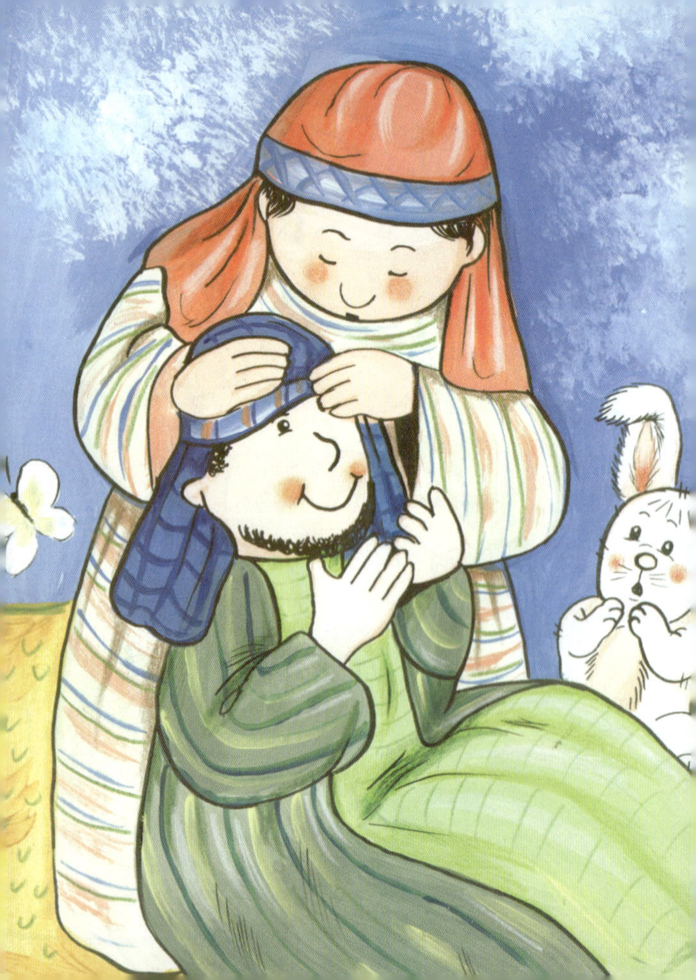

ELE, ENTÃO, PERMANECEU TRÊS DIAS DESSA MANEIRA, ATÉ A VISITA DE UM HOMEM CHAMADO ANANIAS, QUE LHE DISSE: — JESUS, O MESMO QUE LHE APARECEU NO CAMINHO DE DAMASCO, ME ORDENOU QUE EU ORASSE POR VOCÊ, PARA QUE VOLTE A ENXERGAR E FIQUE NO ESPÍRITO SANTO.
NO MESMO INSTANTE, ALGO PARECIDO COM ESCAMAS CAIU DOS OLHOS DE SAULO, E ELE RECUPEROU A VISÃO.

SAULO PERMANECEU EM DAMASCO COM OS DISCÍPULOS E, DEPOIS, PARTIU. E, LOGO, ANUNCIAVA EM TODOS OS LUGARES QUE JESUS ERA O FILHO DE DEUS. AS PESSOAS FICAVAM ADMIRADAS E PERGUNTAVAM:
— NÃO ERA ESTE O HOMEM QUE PERSEGUIA OS CRISTÃOS?
SAULO VOLTOU A JERUSALÉM E UNIU-SE AOS DISCÍPULOS DE JESUS.

MUDOU O SEU NOME PARA PAULO E COMEÇOU A ENSINAR O EVANGELHO POR TODA PARTE. PAULO FEZ MUITAS VIAGENS. ELE QUERIA ANUNCIAR JESUS PARA OS OUTROS POVOS. ELE FALAVA DE JESUS E CURAVA OS ENFERMOS.

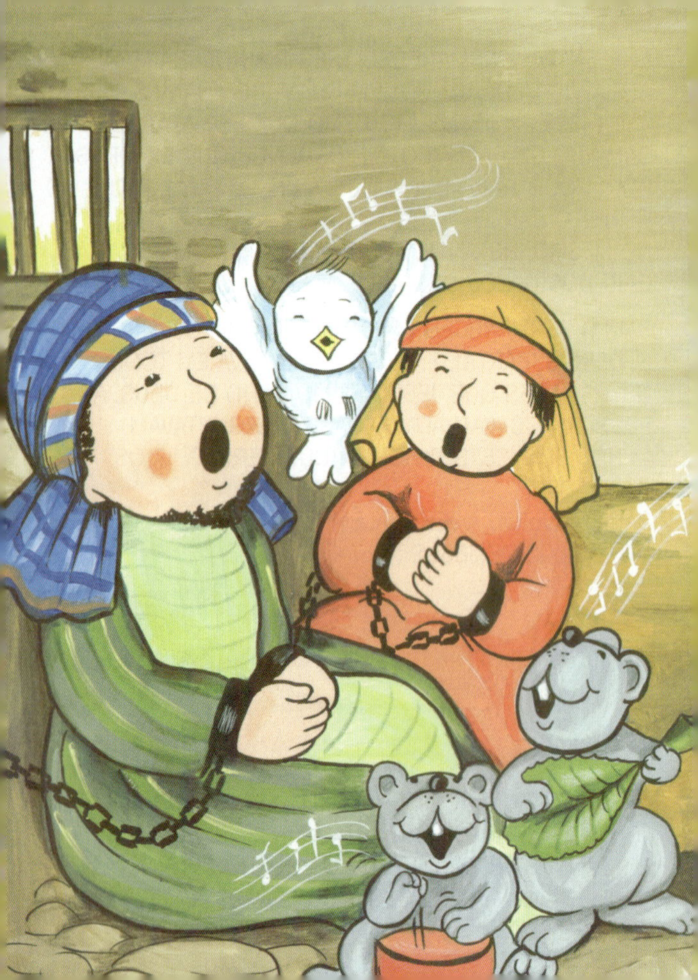

CERTA OCASIÃO, ELE VIAJOU ACOMPANHADO DE UM JOVEM DISCÍPULO CHAMADO SILAS. NA CIDADE DE FILIPOS, REGIÃO DA MACEDÔNIA, PREGARAM O EVANGELHO E REALIZARAM MUITOS MILAGRES, MAS FORAM PRESOS. ERA QUASE MEIA-NOITE. PAULO E SILAS ESTAVAM ACORRENTADOS E PRESOS, MAS ORAVAM E CANTAVAM BELOS HINOS DE LOUVOR A DEUS. DE REPENTE, UM GRANDE TERREMOTO SACUDIU AQUELE LUGAR, E AS PORTAS DA PRISÃO SE ABRIRAM.

O CARCEREIRO SE APAVOROU E, ACHANDO QUE TODOS TINHAM FUGIDO, QUIS SE MATAR. PAULO DISSE:
— NÃO FAÇA ISSO! ESTAMOS TODOS AQUI.
O CARCEREIRO, VENDO QUE AQUELA OBRA ERA DE DEUS, PERGUNTOU: — SENHORES, QUE DEVO FAZER PARA SER SALVO?
— CREIA NO SENHOR JESUS, E SERÃO SALVOS VOCÊ E SUA FAMÍLIA. — RESPONDEU PAULO.

PAULO REALIZOU GRANDES OBRAS NAS VIAGENS QUE FEZ: FUNDOU IGREJAS, BATIZOU PESSOAS, CUROU ENFERMOS E ANUNCIOU O EVANGELHO DE JESUS CRISTO, O FILHO DE DEUS.

MiniLivros

Histórias do povo de DEUS

- A Criação
- O Dilúvio
- Abraão
- Moisés
- Jonas e o Grande Peixe
- Nascimento de Jesus
- Parábolas de Jesus
- Milagres de Jesus
- Ressurreição de Jesus
- Paulo

©TODOLIVRO LTDA.
Ilustração: Belli Studio
Texto adaptado: Cristina Marques
Todos os direitos reservados
Revisão: Helena Cristina Lübke
IMPRESSO NA CHINA

HABILIDADES COGNITIVAS

- DESENVOLVE A LEITURA
- VALORES FAMILIARES
- PRINCÍPIOS CRISTÃOS
- 3+ A PARTIR DE 3 ANOS

BrasiLeitura
O Brasil inteiro lê.

SKU 1085077
ISBN 978-85-7398-103-2

Histórias do povo de DEUS

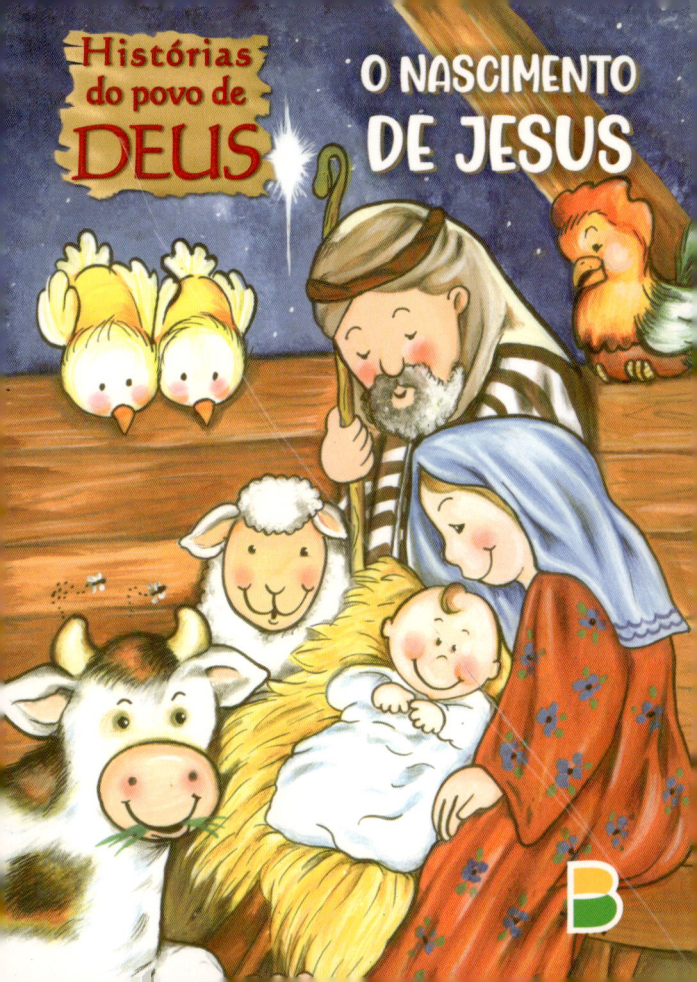

O NASCIMENTO DE JESUS

NASCIMENTO DE JESUS

NA CIDADE DE NAZARÉ, VIVIA UMA LINDA JOVEM CHAMADA MARIA. ELA ESTAVA NOIVA DE JOSÉ.

CERTA OCASIÃO, MARIA ESTAVA ORANDO QUANDO APARECEU O ANJO GABRIEL, QUE LHE FALOU:
— ALEGRE-SE, MARIA! VOCÊ FOI ESCOLHIDA POR DEUS PARA SER MÃE DO SALVADOR. SEU NOME SERÁ JESUS.
MARAVILHADA E UM POUCO ASSUSTADA, MARIA PERGUNTOU: — COMO POSSO SER MÃE? NÃO SOU CASADA AINDA.

O ANJO RESPONDEU: — O ESPÍRITO SANTO DESCERÁ SOBRE VOCÊ E, PELO PODER DE DEUS, VOCÊ CONCEBERÁ. O BEBÊ SERÁ SANTO. ELE SERÁ CHAMADO FILHO DE DEUS.

MARIA DISSE: — SOU UMA SERVA DO SENHOR. QUE SEJA FEITA A VONTADE DE DEUS.

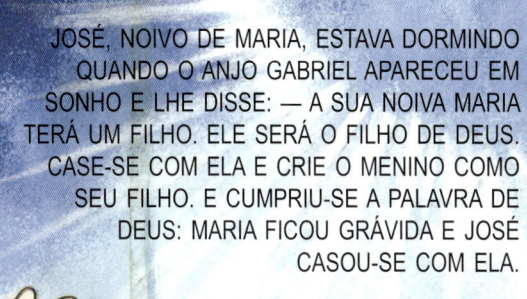

JOSÉ, NOIVO DE MARIA, ESTAVA DORMINDO QUANDO O ANJO GABRIEL APARECEU EM SONHO E LHE DISSE: — A SUA NOIVA MARIA TERÁ UM FILHO. ELE SERÁ O FILHO DE DEUS. CASE-SE COM ELA E CRIE O MENINO COMO SEU FILHO. E CUMPRIU-SE A PALAVRA DE DEUS: MARIA FICOU GRÁVIDA E JOSÉ CASOU-SE COM ELA.

NAQUELE TEMPO, O IMPERADOR CÉSAR AUGUSTO
CONVOCOU TODA A POPULAÇÃO PARA UM CENSO.
TODOS DEVERIAM SER REGISTRADOS NA CIDADE ONDE
NASCERAM. JOSÉ E MARIA ERAM DE BELÉM E PARTIRAM
PARA LÁ, SEM DEMORA. A VIAGEM ERA LONGA E
CANSATIVA. QUANDO
CHEGARAM A BELÉM,
A CIDADE ESTAVA
CHEIA DE GENTE.
AS HOSPEDARIAS
ESTAVAM
LOTADAS.

O ÚNICO LUGAR QUE CONSEGUIRAM FOI UMA ESTREBARIA. ENTRE OS ANIMAIS, JESUS NASCEU. MARIA O ENVOLVEU COM PANOS E O DEITOU EM UMA MANJEDOURA. NAQUELE INSTANTE, UMA ESTRELA RESPLANDECEU.

OS PASTORES ESTAVAM NOS CAMPOS, QUANDO UM ANJO APARECEU E DISSE: — TRAGO BOAS NOVAS DE GRANDE ALEGRIA. HOJE, NASCEU, EM BELÉM, O SALVADOR, QUE É CRISTO, O SENHOR. E ESTE SERÁ O SINAL PARA VOCÊS: A CRIANÇA ESTÁ DEITADA EM UMA MANJEDOURA.

DE REPENTE, NO CÉU, APARECERAM ANJOS CANTANDO: GLÓRIA A DEUS NAS ALTURAS E PAZ NA TERRA AOS HOMENS A QUEM ELE QUER BEM.

TENDO A ESTRELA COMO GUIA, TANTO OS PASTORES COMO OS TRÊS REIS QUE VIERAM DO ORIENTE CHEGARAM AO LUGAR EM QUE JESUS ESTAVA. ELES O ADORARAM E LHE DERAM PRESENTES.

MiniLivros

Histórias do povo de DEUS

A Criação
O Dilúvio
Abraão
Moisés
Jonas e o Grande Peixe
Nascimento de Jesus
Parábolas de Jesus
Milagres de Jesus
Ressurreição de Jesus
Paulo

©TODOLIVRO LTDA.
Ilustração: Belli Studio
Texto adaptado: Cristina Marques
Todos os direitos reservados
Revisão: Helena Cristina Lübke
IMPRESSO NA CHINA

HABILIDADES COGNITIVAS

DESENVOLVE A LEITURA | VALORES FAMILIARES | PRINCÍPIOS CRISTÃOS | 3+ A PARTIR DE 3 ANOS

SKU 1085077
ISBN 978-85-7398-103-2

BrasiLeitura
O Brasil inteiro lê.

NO PLANETA, ERA TUDO ÁGUA.
— CHUÁ, CHUÁ! SABE QUE BARULHO É ESSE? É O BARULHO DAS ÁGUAS SE AJUNTANDO PARA FAZER APARECER A TERRA SECA, PORQUE ASSIM DEUS ORDENARA. E QUANDO A TERRA APARECEU, DEUS ORDENOU A ELA:
— TERRA, PRODUZA PLANTAS E ÁRVORES!
E ASSIM FOI O TERCEIRO DIA DA CRIAÇÃO.

COMO DEUS GOSTA DE ORGANIZAR TODAS AS COISAS, CRIOU LUZES. A LUZ MAIOR CHAMOU DE "SOL", QUE CLAREIA O DIA, E A LUZ MENOR, QUE CHAMOU DE "LUA", CLAREIA A NOITE. FEZ, TAMBÉM, AS ESTRELAS PARA PODER, ASSIM, MARCAR OS DIAS, OS ANOS E AS ESTAÇÕES. E ASSIM FOI O QUARTO DIA DA CRIAÇÃO.

— VOCÊ JÁ VIU NAS ÁGUAS COMO EXISTEM PEIXES LINDOS E TANTOS OUTROS SERES? TODOS ELES DEUS CRIOU E MUITO MAIS.

NO CÉU, TAMBÉM, DEUS CRIOU LINDOS PÁSSAROS A VOAR, DE TODAS AS CORES E TAMANHOS. E ASSIM FOI! O QUINTO DIA DA CRIAÇÃO.

NA TERRA, DEUS CRIOU ANIMAIS DE VÁRIAS ESPÉCIES: GRANDES, COMO O ELEFANTE, ATÉ BEM PEQUENINOS, COMO UM RATINHO. CRIOU RÉPTEIS, COMO A COBRA; ANIMAIS FEROZES, COMO O LEÃO; MANSOS, COMO A OVELHINHA E MUITOS OUTROS ANIMAIS. E TUDO ISSO FOI FEITO PELA PALAVRA DE DEUS.

NO ENTANTO, EXISTE UM MOMENTO MUITO ESPECIAL NA CRIAÇÃO: DEUS, COM MUITO CARINHO E COM SUAS PRÓPRIAS MÃOS, PEGOU O BARRO, FORMOU COM ESTE O HOMEM PARECIDO COM ELE, E DEU-LHE VIDA. ESSE FOI O SEXTO DIA DA CRIAÇÃO.

DEPOIS, DEUS OLHOU TUDO O QUE FEZ, VIU QUE ERA BOM E BONITO. ASSIM, BEM SATISFEITO, NO SÉTIMO DIA, ELE DESCANSOU. DEUS CRIOU UM LINDO JARDIM QUE CHAMOU DE ÉDEN E LÁ COLOCOU O HOMEM, A QUEM DEU O NOME DE ADÃO, PARA CULTIVAR E CUIDAR DESSE JARDIM.

ENTÃO, DEUS VIU QUE ADÃO PRECISAVA DE UMA COMPANHEIRA. ASSIM, ENQUANTO ADÃO DORMIA, DEUS FEZ UMA MULHER PARA ELE, A QUEM CHAMOU DE EVA.

MiniLivros

Histórias do povo de DEUS

A Criação
O Dilúvio
Abraão
Moisés
Jonas e o Grande Peixe
Nascimento de Jesus
Parábolas de Jesus
Milagres de Jesus
Ressurreição de Jesus
Paulo

©TODOLIVRO LTDA.
Ilustração: Belli Studio
Texto adaptado: Cristina Marques
Todos os direitos reservados
Revisão: Helena Cristina Lübke
IMPRESSO NA CHINA

HABILIDADES COGNITIVAS

- DESENVOLVE A LEITURA
- VALORES FAMILIARES
- PRINCÍPIOS CRISTÃOS
- 3+ A PARTIR DE 3 ANOS

BrasiLeitura
O Brasil inteiro lê.

SKU 1085077
ISBN 978-85-7398-103-2

Histórias do povo de DEUS

O DILÚVIO

O DILÚVIO

HOUVE UM TEMPO EM QUE OS HOMENS SE TORNARAM TÃO MAUS QUE DEUS FICOU MUITO TRISTE, E SE ARREPENDEU DE OS TER CRIADO, ENTÃO, RESOLVEU DESTRUÍ-LOS JUNTAMENTE COM OS ANIMAIS. NO ENTANTO, EXISTIA UM HOMEM BOM E SINCERO, QUE AMAVA A DEUS, CHAMADO NOÉ.

DEUS DECIDIU SALVAR NOÉ, TODA A SUA FAMÍLIA E PARTE DA CRIAÇÃO. ENTÃO, CHAMOU NOÉ E DISSE:
— NOÉ, ENVIAREI UM DILÚVIO, CUJAS ÁGUAS COBRIRÃO TODA A TERRA. CONSTRUA UMA ARCA, ENTRE NELA COM TODA A SUA FAMÍLIA E LEVE TAMBÉM UM CASAL DE CADA ANIMAL QUE EXISTE NA TERRA. NOÉ OBEDECEU.

QUANDO NOÉ, SUA FAMÍLIA E TODOS OS ANIMAIS ENTRARAM, DEUS FECHOU A PORTA DA ARCA E FEZ CHOVER SOBRE A TERRA. CHOVEU POR QUARENTA DIAS E QUARENTA NOITES. AS ÁGUAS COBRIRAM AS MONTANHAS MAIS ALTAS, E TODA A CRIAÇÃO QUE ESTAVA FORA DA ARCA MORREU.

AS ÁGUAS DO DILÚVIO PERMANECERAM SOBRE A TERRA POR CENTO E CINQUENTA DIAS. ENTÃO, DEUS SE LEMBROU DE NOÉ E, FAZENDO PASSAR SOBRE A TERRA UM VENTO FORTE, AQUIETOU AS ÁGUAS E AS FEZ BAIXAR.

A ARCA POUSOU SOBRE O MONTE ARARAT. DEPOIS DE QUARENTA DIAS, NOÉ SOLTOU UM CORVO PARA SABER SE AS ÁGUAS TINHAM SECADO. O CORVO IA E VOLTAVA ATÉ O BARCO. NOÉ SOLTOU, TEMPOS DEPOIS, UMA POMBA, QUE NÃO ACHOU LUGAR PARA POUSAR E VOLTOU PARA A ARCA.

NOÉ ESPEROU MAIS SETE DIAS E SOLTOU A POMBA NOVAMENTE. ELA VOLTOU, MAS, DESSA VEZ, TRAZENDO UM RAMO DE OLIVEIRA. NOÉ ENTENDEU QUE AS ÁGUAS TINHAM BAIXADO. COMO NOÉ ERA PRUDENTE, ESPEROU MAIS SETE DIAS E TORNOU A SOLTAR A POMBA, QUE NÃO VOLTOU MAIS. NOÉ COMPREENDEU QUE A TERRA ESTAVA SECA.

ENTÃO, DEUS FALOU A NOÉ:
— NOÉ, SAIA DA ARCA COM SUA MULHER E SEUS FILHOS. LIBERTE OS ANIMAIS QUE ESTÃO LÁ. MULTIPLIQUEM-SE E POVOEM A TERRA.

NOÉ, EM TERRA FIRME, CONSTRUIU UM ALTAR E, COM SUA FAMÍLIA, OROU A DEUS, AGRADECENDO POR SUAS VIDAS.

DEUS OUVIU A ORAÇÃO E FALOU AO SEU CORAÇÃO:
— NÃO TORNAREI A FERIR TODOS OS SERES VIVENTES COMO FIZ. ENQUANTO DURAR A TERRA, HAVERÁ SEMENTES E COLHEITA, FRIO E CALOR, DIA E NOITE, ANIMAIS E PESSOAS.

DEUS, ENTÃO, ABENÇOOU NOÉ E DISSE:
— NÃO DESTRUIREI MAIS A VIDA QUE CRIEI. NÃO HAVERÁ MAIS DILÚVIO SOBRE A TERRA. E, COMO SINAL DE SUA PROMESSA, DEUS FEZ APARECER UM ARCO-ÍRIS NO CÉU. E TODA VEZ QUE CHOVE, O ARCO-ÍRIS SURGE NO CÉU PARA NOS LEMBRAR DA PROMESSA DE DEUS.

MiniLivros

Histórias do povo de DEUS

A Criação
O Dilúvio
Abraão
Moisés
Jonas e o Grande Peixe
Nascimento de Jesus
Parábolas de Jesus
Milagres de Jesus
Ressurreição de Jesus
Paulo

©TODOLIVRO LTDA.
Ilustração: Belli Studio
Texto adaptado: Cristina Marques
Todos os direitos reservados
Revisão: Helena Cristina Lübke
IMPRESSO NA CHINA

HABILIDADES COGNITIVAS

- DESENVOLVE A LEITURA
- VALORES FAMILIARES
- PRINCÍPIOS CRISTÃOS
- 3+ A PARTIR DE 3 ANOS

BrasiLeitura
O Brasil inteiro lê.

SKU 1085077
ISBN 978-85-7398-103-2

Histórias do povo de DEUS

ABRAÃO

ABRAÃO

ABRAÃO ERA UM HOMEM QUE OBEDECIA A DEUS, PORQUE CONFIAVA NO SENHOR. SUA FÉ EM DEUS ERA TÃO GRANDE, QUE ELE É CONSIDERADO O PAI DA FÉ.

CERTO DIA, DEUS DISSE A ABRAÃO:
— DEIXE SUA TERRA E SEUS PARENTES. VÁ PARA A TERRA QUE EU LHE MOSTRAREI. VOCÊ SERÁ MUITO ABENÇOADO. DEUS FEZ GRANDES PROMESSAS A ABRAÃO.

PARTIRAM, ABRAÃO E SUA MULHER, COM TUDO O QUE TINHAM. FORAM PARA A TERRA QUE DEUS HAVIA INDICADO: CANAÃ. ABRAÃO ERA BEM VELHINHO E NÃO TINHA FILHOS.

UMA NOITE, DEUS FALOU A ABRAÃO:
— OLHE PARA O CÉU E CONTE AS ESTRELAS. ASSIM SERÁ A SUA DESCENDÊNCIA: TÃO NUMEROSA COMO AS ESTRELAS DO CÉU E OS GRÃOS DE AREIA NO MAR. ABRAÃO CREU EM DEUS.

ELE E SUA ESPOSA SARA TIVERAM UM FILHO, QUE SE CHAMOU ISAQUE. EM UMA OCASIÃO, DEUS QUIS TESTAR A FÉ DE ABRAÃO.
— ABRAÃO! — DEUS CHAMOU.
— ESTOU AQUI, SENHOR! — RESPONDEU ELE.

DEUS ORDENOU: — PEGUE O SEU ÚNICO FILHO, ISAQUE, A QUEM VOCÊ AMA, E VÁ ATÉ A TERRA DE MORIÁ. CHEGANDO LÁ, OFEREÇA SEU FILHO COMO SACRIFÍCIO A MIM, SOBRE UMA DAS MONTANHAS QUE EU INDICAREI.

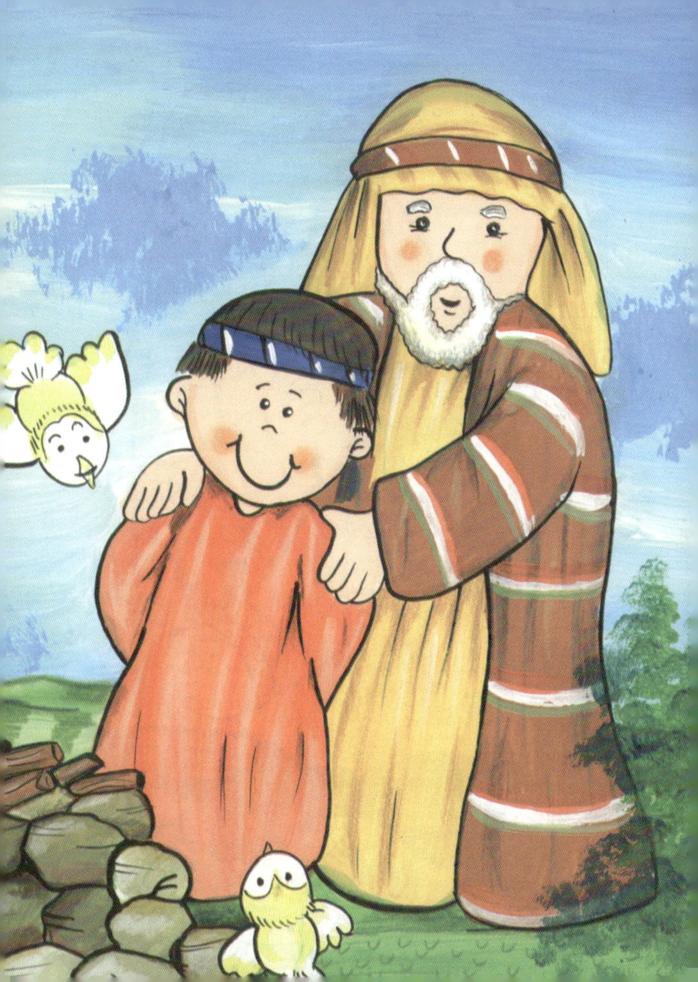

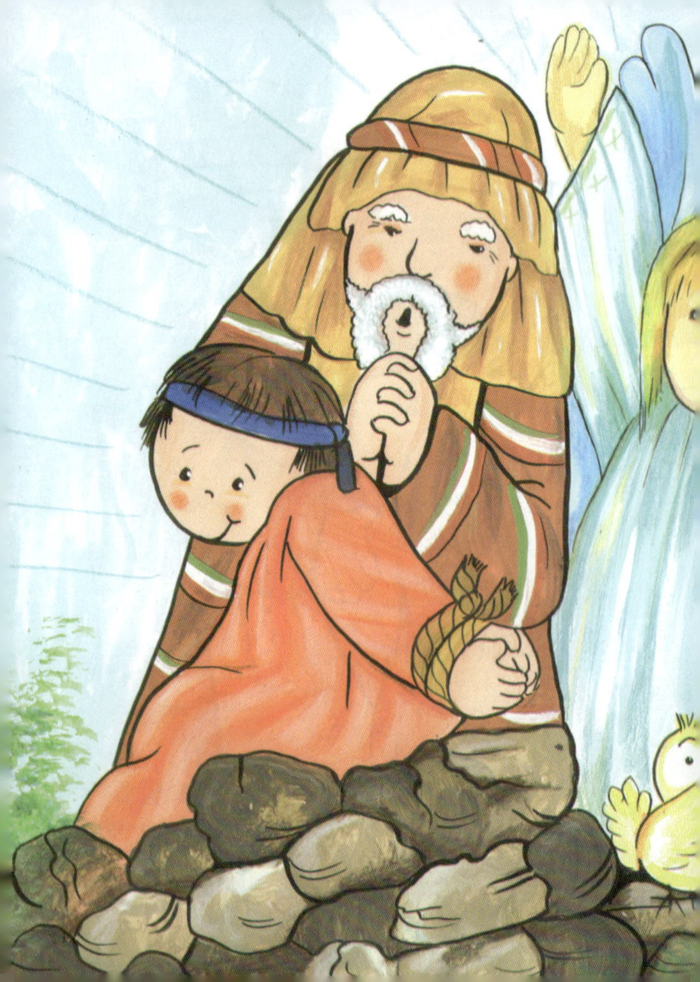

NO LOCAL INDICADO POR DEUS, O MENINO OLHOU PARA O PAI E PERGUNTOU: — PAI, ONDE ESTÁ O CORDEIRO PARA O SACRIFÍCIO? ABRAÃO RESPONDEU COM FÉ: — DEUS PROVERÁ, MEU FILHO! LOGO DEPOIS, ABRAÃO AMARROU SEU FILHO E O COLOCOU SOBRE O ALTAR DO SACRIFÍCIO.

QUANDO IA ERGUENDO A FACA, UM ANJO SEGUROU SEU BRAÇO E DISSE: — ABRAÃO! ABRAÃO! NÃO FAÇA MAL AO MENINO. DEUS SABE AGORA O QUANTO VOCÊ É FIEL, PORQUE NÃO NEGOU A ELE SEU ÚNICO FILHO. POR SUA FÉ, SERÁ GRANDEMENTE ABENÇOADO.

ABRAÃO, ENTÃO, OLHOU ENTRE OS ARBUSTOS E VIU UM CORDEIRO. ELE PEGOU O ANIMAL E O OFERECEU NO LUGAR DE ISAQUE. FOI UMA PROVA DA CONFIANÇA QUE ABRAÃO TEVE EM DEUS.